AF502348

CATALOGUE

(Nº 18)

DE

DESSINS ANCIENS

ET

MODERNES

GOUACHES DU XVIIIᵉ SIÈCLE

AQUARELLES

ESTAMPES ANCIENNES

SUITES DE VIGNETTES

LIVRES A FIGURES

FAISANT PARTIE DE LA COLLECTION

De Feu M. le Docteur G***

VENTE

HOTEL DROUOT — SALLE Nº 4

Les Mardi 15, Mercredi 16 et Jeudi 17 Mai 1883

A UNE HEURE ET DEMIE PRÉCISE

Mᵉ Maurice DELESTRE	M. DUPONT aîné
COMMISSᵉ-PRISEUR	MARCHAND D ESTAMPES
Rue Drouot, nº 27	Rue de Seine, nº 21

PARIS — 1883

Ve RENOU, MAULDE et COCK

IMPRIMEURS DE LA COMPAGNIE DES COMMISSAIRES-PRISEURS

Rue de Rivoli. 144.

Vᵉ RENOU, MAULDE et COCK

IMPRIMEURS DE LA COMPAGNIE DES COMMISSAIRES-PRISEURS

Rue de Rivoli, 144.

CATALOGUE

(N° 18)

DE

DESSINS ANCIENS

ET

MODERNES

GOUACHES DU XVIIIᵉ SIÈCLE

AQUARELLES

PAR

Aubry — Baudouin — Boucher — Caresme — Cochin — Eisen
Fragonard — Greuze — Hubert-Robert
J.-B. Huet — Lagrenée — Séb. Leclerc — Le Prince — Mallet — Marillier
Monnet — Nicolle — Quéverdo — Sarazin — Swebach
Toro — Vanloo — Watelet — Watteau
Andrieux — Baltard — Brascassat — Calame — Charlet — Cicéri
Enfantin — J.-J. Grandville — Granet
Hubert — C. Roqueplan — Thiénon — Wattier, etc.

ESTAMPES ANCIENNES

SUITES DE VIGNETTES

LIVRES A FIGURES

FAISANT PARTIE DE LA COLLECTION

De Feu M. le Docteur G***

DONT LA VENTE AURA LIEU

HOTEL DES COMMISSAIRES-PRISEURS

RUE DROUOT, 9, SALLE N° 4

Les Mardi 15, Mercredi 16 et Jeudi 17 Mai 1883

A UNE HEURE ET DEMIE PRÉCISE

Par le ministère de Mᵉ **MAURICE DELESTRE**, Commissaire-Priseur
rue Drouot, 27,

Assisté de **M. DUPONT** aîné, marchand d'Estampes,
rue de Seine, 21.

PARIS — 1883

CONDITIONS DE LA VENTE

—

Elle sera faite au comptant.

Les Acquéreurs paieront CINQ POUR CENT, en sus des adjudications, applicables aux frais.

Pour les Dessins, nous avons conservé les attributions de l'Amateur.

ORDRE DES VACATIONS

—

1re VACATION. — Mardi 15 Mai.

Dessins anciens................. Nos   1 à 223

2e VACATION. — Mercredi 16 Mai.

Dessins anciens en lots..........   224 à 244
Dessins modernes...............   245 à 386
Estampes.......................   387 à 430

3e VACATION. — Jeudi 17 Mai.

Estampes, Vignettes.. ....   431 à 561
Gravures en lots...............   562 à 609
Livres à figures................   610 à 649

DÉSIGNATION

DESSINS ANCIENS

ANONYME

1 — Portrait de Buffon.

Très joli dessin à la pierre noire.

AUBRY

2 — Le Déjeuner sur l'herbe.

Dessin capital, à l'encre de Chine.

BAUDOUIN

3 — La Prudence en défaut.

Superbe dessin à la gouache.

BAUDUINS

4 — Paysage.

Très joli dessin à la sanguine, signé.

BÉGA (CORNEILLE)

5 — Paysan flamand debout. — Femme assise et fumant.

Deux très beaux dessins à la sépia.

BISSY (DE)

6 — Costumes du Directoire.

Joli dessin à l'aquarelle.

BLOEMEN (Van)

7 — Lago-Castello, vicino d'Albano.

Très beau dessin à la plume, lavé d'encre de Chine. Collection Hamal Lead.

8 — Paysage avec de hautes montagnes. — Habitations au bord d'une rivière.

Deux beaux dessins à l'encre de Chine.

BOICHOT

9 — Vues d'Italie.

Trois beaux dessins à la plume, lavés d'encre, et à la sanguine. Signés.

BOUCHARDON

10 — Une Sainte en extase.

Très beau dessin à la sanguine.

11 — Une Fontaine avec un bas-relief.

Beau dessin à la sanguine.

BOUCHER (Fr.)

12 — Un Amour dans les nuages, jouant avec des colombes.

Très beau dessin à la sanguine, rehaussé de blanc.

13 — L'Amour, vu de dos, appuyé sur son carquois.

Très beau dessin aux trois crayons.

BOUCHER (Fr.)

14 — Autel de l'Amitié.
Très beau dessin à la sanguine. A été gravé.

15 — Les Fruits de l'automne.
Très beau dessin aux trois crayons, sur papier bleu.

16 — La Justice.
Très beau dessin à la pierre noire, rehaussé de blanc, sur papier bleu.

17 — Laveuses au bord d'une rivière.
Très beau dessin à la sanguine. On y a joint la gravure de Demarteau.

18 — Buste de jeune fille, de face, la tête légèrement inclinée.
Charmant dessin à la sanguine.

19 — Deux jeunes Filles portant des fleurs.
Très beau dessin à la sanguine. On y a joint la contre-épreuve

20 — Chaumières au bord d'une rivière.
Très beau paysage à la pierre noire.

21 — Le Concert.
Joli croquis à la plume.

BOURGUIGNON (Le)

22 — Une Bataille.
Très beau dessin à la plume, lavé d'encre de Chine.

BRAUWER (Adrien)

23 — Rixe dans un cabaret.
Beau dessin à la plume.

24 — Scène de cabaret.
Joli dessin à la plume, lavé.

BRIL (Paul)

25 — Bergers ramenant leurs troupeaux.

Très beau dessin à la pierre noire, rehaussé de blanc, sur papier bleu.

CALLOT

26 — Trois Seigneurs debout. — Soldats s'exerçant au tir de l'arquebuse.

Deux jolis dessins à la sépia.

CANGIAGE (Lucas)

27 — Sainte Famille.

Beau dessin à la plume.

CARESME

28 — Bacchanale.

Très beau dessin à la sépia, rehaussé de blanc.

29 — Bacchante couchée.

Beau dessin à la plume, lavé d'encre de Chine.

30 — Le Matin. — Le Midi. — Le Soir. — La Nuit.

Quatre jolis dessins à l'aquarelle.

31 — Sujets mythologiques.

Trois jolis dessins à l'aquarelle.

CARRACHE (L. et Aug.)

32 — La Vierge, l'Enfant Jésus et Saint Jean. — La Circoncision.

Deux beaux dessins à la plume, lavés de sépia.

CASSAS (C.-L.)

33 — Habitations au bord d'une Rivière.

Très joli dessin à l'encre de Chine, lavé d'aquarelle. Signé.

34 — Vue d'un petit Temple de Vénus sur les Apennins.

Joli dessin à la plume, lavé de sépia. Signé.

CASTIGLIONE (BENEDETTE)

35 — Paysans avec leurs troupeaux.

Deux beaux dessins à la plume, lavés de sépia.

CHANCOURTOIS

36 — Ponte Lugano. — Vues d'Italie.

Trois beaux dessins à la plume.

CHANTREAU

37 — Scène de Comédie.

Beau dessin aux trois crayons, rehaussé de pastel.

CHARDIN

38 — Jeune Fille assise, tricotant.

Beau dessin à la sanguine. Sur la même feuille, quatre contre-épreuves de divers dessins.

39 — La Marchande de légumes. — Jeune Homme un bâton à la main.

Deux dessins à la sanguine.

CHARPENTIER

40 — La Marchande d'œufs. — La Marchande de vin.

Deux beaux dessins à la plume, lavés d'encre de Chine.

CHARPENTIER

41 — Mars et Vénus. — Personnages de Comédie.
— Un Bivouac.

>Trois jolis dessins à la plume, lavés de sépia.

CHATELET

42 — Pêcheurs au bord d'une rivière, près d'un château en ruines.

>Très joli dessin à l'aquarelle.

43 — Paysage avec rochers et chûte d'eau.

>Très joli dessin à l'aquarelle.

44 — Paysage avec figures.

>Joli dessin à l'encre de Chine.

CIPRIANI

45 — Jeunes Filles lisant une lettre. — Jeunes Filles tenant une amphore.

>Deux très jolis dessins à la sanguine.

CIRO-FERRI

46 — Renaud et Armide.

>Très beau dessin à la plume, lavé de sépia.

CLÉRISSEAU

47 — Ruines d'un ancien Temple.

>Beau dessin à la gouache.

COCHIN (C.-N.)

48 — Frontispice allégorique.

>Joli dessin à la mine de plomb, lavé d'encre de Chine. In-8.

COCHIN (C.-N.)

49 — Portrait de jeune homme une main appuyée sur un livre.

Au pinceau, à l'encre de Chine. Au verso, un croquis d'ornement à la sanguine.

50 — Vue d'un village. — Intérieur d'une grange.

Deux jolis dessins à la mine de plomb. Signés.

CORNEILLE (Michel)

51 — L'Enfant à la coquille.

Très beau dessin à la sanguine. Collection Gasc.

52 — Paysan conduisant un âne.

Beau dessin à la plume.

CORTONE (Piètre de)

53 — Esther aux pieds d'Assuérus.

Beau dessin à la plume, lavé de sépia. Collection Vallardi.

54 — La Vierge portée par des anges apparaissant à un Religieux.

Superbe dessin à la plume, lavé de sépia. Collection Vallardi.

DAVID

55 — Etudes des Portraits de la Famille Impériale, pour le tableau du Sacre de Napoléon.

Deux beaux dessins à la mine de plomb.

DAVID (École de)

56 — Valérie.

Très beau dessin à la sanguine.

DAVID, de Marseille

57 — Paysage avec figures et animaux.

Joli dessin à la sépia.

DECKER (D.)

58 — Composition allégorique.

Très beau dessin à la plume, lavé d'encre de Chine. Signé.

DE LA FARGUE

59 — Le Printemps. — L'Hiver.

Deux très jolis dessins à la mine de plomb. Ont été gravés.

DESFRICHES

60 — Vue d'un Moulin au bord d'une rivière.

Très joli dessin au crayon, lavé d'encre de Chine et rehaussé de blanc. Signé.

61 — Habitations sur le bord d'une rivière.

Très beau dessin au crayon, lavé d'encre de Chine et relevé de blanc.

DE TROY

62 — Allégorie sur les Arts

Beau dessin au pinceau, lavé d'encre.

DIEPENBECK

63 — La Vierge apparaissant à saint François Xavier.

Beau dessin à la plume, lavé de sépia.

DIEU (Ant.)

64 — Sujets allégoriques.

Deux beaux dessins à la plume, lavés d'encre et rehaussés de blanc.

DILLIS

65 — Paysage; vue de Hollande.

Beau dessin à l'encre de Chine.

DUPUIS (C.)

66 — Les Arts du dessin : avec les armes du marquis
de Marigny.

Très joli dessin à la plume. Signé.

DUVERGER (P.)

67 — Berger et Bergère conversant. — Berger au repos.

Deux très beaux dessins à la sépia, rehaussés de blanc, sur fond
teinté.

68 — Soldats arrêtant des brigands. — Soldats venant
au secours d'un pâtre.

Deux superbes dessins à la sépia, rehaussés de blanc, sur fond
teinté. Signés.

EISEN (Ch.)

69 — Vignettes.

Trois beaux dessins à la sanguine.

70 — Enfant assis, la tête appuyée sur ses mains.

Beau dessin à la sanguine. Signé. On y a joint deux contre-
épreuves d'autres dessins.

ESCHARD (P.)

71 — Voyageur se reposant.

Beau dessin à la plume, lavé d'encre de Chine. Signé.

ÉVENTAILS

72 — Offrande à l'Amour.
Très beau dessin à la gouache.

73 — Le Coucher du soleil.
Très beau dessin à la gouache.

74 — Sujet chinois de la fin du xviiie siècle.
Très beau dessin à la gouache.

FOKKE (S.)

75 — Allégorie; le Christianisme et la Vérité foudroyant le Paganisme.
Très beau dessin à la plume, lavé d'encre de Chine. Signé.

FRAGONARD (H.)

76 — Un Historien de l'antiquité.
Très beau dessin à la sépia.

77 — Un Coin de parc.
Beau dessin à la sépia.

78 — Un Marché de village. — Fête de village.
Deux jolis dessins à la sépia.

79 — Escalier avec jets d'eau, à l'entrée d'un palais, en Italie.
Très beau dessin à la plume, lavé d'encre de Chine.

80 — Une Allée conduisant à un château.
Beau dessin à la sépia.

81 — Une Allée de grands arbres, avec figures.
Très beau dessin à la pierre noire.

82 — Etude d'arbre.
Très beau dessin à la sépia.

FRANCESCHINI (B.).

83 — La Vierge entourée d'anges, apparaissant à
sainte Thérèse.

Très beau dessin à la sépia rehaussé de blanc.

GATHEBOIS

84 — Paysages avec figures.

Deux jolis dessins à l'aquarelle.

GAULTIER (LÉONARD)

85 — Narcisse; sujet tiré des tableaux de Philos-
trate.

Très beau dessin à la plume et à la sanguine, lavé de sépia. A été
gravé.

GILLOT (CLAUDE)

86 — Apollon et Daphné. — Fête à Bacchus. — Le
Repos de Diane.

Trois beaux dessins à la plume.

87 — Cadre de tableau et arabesques.

Beau dessin à la plume.

GOUJON (JEAN)

88 — Six Statues en pied.

Beau dessin à la plume.

GRAVELOT

89 — Études de figures pour *Le Lutrin*. — Personnages de la Comédie italienne.

Deux beaux dessins à la sanguine.

GREUZE (J.-B.)

90 — Le Christ montant au ciel.

Très beau dessin à la sanguine, lavé de sépia.

91 — Vieillard assis; étude pour son tableau de la Lecture de la Bible.

Très beau dessin à la sanguine.

92 — Jeune Paysanne debout.

Beau dessin à la sépia.

GUERCHIN (Le)

93 — La Famille de Darius aux pieds d'Alexandre.

Très beau dessin à la plume, lavé d'encre de Chine et rehaussé de blanc.

GUÉRIN (P.)

94 — Scènes de tragédie.

Deux dessins différents du même sujet, au crayon noir et à la sanguine, lavés d'encre et rehaussés de blanc.

HENNEQUIN

95 — Sacrifice antique.

Très beau dessin à la plume, lavé de sépia et rehaussé de blanc.

HILAIR

96 — Jeune Bergère avec son chien.

Joli dessin à la plume, lavé de sépia.

97 — Vue d'une ville, en Orient.

Très beau dessin à la sépia. Signé.

HOUEL (J.)

98 — Le Chat et le Renard. — Le Renard trahi par le Coq.

Deux très beaux dessins à la plume, lavés d'encre de Chine. Signés.

HUBERT-ROBERT

99 — Ruines antiques à Rome.

Beau dessin à la sanguine.

100 — Ruines d'anciens monuments de Rome.

Trois beaux dessins à l'aquarelle.

101 — Ruines romaines.

Trois beaux dessins à l'aquarelle, de forme ronde.

102 — Ruines antiques. — Vue des jardins d'un Palais, à Rome.

Quatre beaux dessins à la sanguine.

HUET (J.-B.)

103 — Berger gardant son troupeau.

Dessin capital aux trois crayons. Signé J.-B. Huet, 1790.

104 — Études de chèvres et de moutons.

Trois beaux dessins à la sanguine; plus la contre-épreuve de l'un des sujets.

105 — Têtes de loup et de singe.

Dessin à la sanguine.

KOBELL (F.)

106 — Paysage avec rochers.

Beau dessin à la plume, lavé de sépia.

KOFFLER (NICOLAUS)

107 — Paysage.

Très joli dessin à l'encre de Chine et à la sépia.

LA FAGE

108 — Une Fontaine monumentale.

Très beau dessin à la pierre noire.

LAGRENÉE

109 — Le Temps découvre aux hommes la Vérité. — La Justice soustrait l'Innocence à la persécution des méchants.

Deux dessins très importants, à l'encre de Chine.

110 — Jeunes Filles au bord d'une rivière.

Joli dessin à la plume lavé de sépia.

LAGRENÉE jeune

111 — Psyché abandonnée.

Joli dessin à l'encre de Chine, rehaussé de blanc sur papier bleu.

LANTARA

112 — Paysage, site montagneux.

Beau dessin au crayon noir rehaussé de sanguine. Signé.

LARGILLIÈRE

113 — Portrait de femme.

Beau dessin aux trois crayons.

LA RUE

114 — La Peinture. — La Musique. — L'Architecture. — La Fête des fleurs.

Quatre très jolis dessins à la plume, lavés de sépia; en forme de frise.

LAVALLÉE-POUSSIN

115 — Arabesques.

Très joli dessin à la plume, lavé de sépia.

116 — Arabesques.

Trois beaux dessins à la pierre d'Italie.

LE BRUN (Ch.)

117 — Frontispice allégorique avec les emblèmes de l'Histoire et de la Religion.

Très beau dessin à la sépia, rehaussé de blanc.

LECLERC (Séb.)

118 — Louis XIV et sa Cour revenant de l'Hôtel-de-Ville. — Le Roi donnant audience aux Membres du Parlement. — Le Roi recevant la soumission d'une Ville assiégée. — Feu d'artifice.

Quatre dessins à la plume, lavés d'encre. Ont été gravés.

119 — Louis XIV en guerrier romain. — Louis XIV et le grand Condé.

Deux très jolis dessins à la sanguine.

120 — Scènes de la vie d'un Religieux.

Sept très jolis dessins à la plume, lavés de sépia.

LEGRAS (N.)

121 — Léda.

Joli dessin à la sanguine. Signé.

LEMOYNE

122 — Suzanne et les Vieillards.

Beau dessin à la plume, lavé de sépia et rehaussé de blanc.

LE PRINCE

123 — Les Joueurs de boules.

Très beau dessin au crayon, lavé de sépia. Signé.

124 — La Lecture. — La Conversation; scènes d'intérieur, en Russie.

Deux très beaux dessins au pinceau, lavés d'encre de Chine.

125 — Christophe Colomb dans sa prison.

Très beau dessin à la sépia. Signé.

126 — Frontispice allégorique pour l'Histoire d'une Impératrice de Russie.

Beau dessin à la plume, lavé d'encre de Chine.

127 — Ruines d'un monument antique.

Très joli dessin à la sépia. Signé.

128 — Charpentiers faisant une palissade.

A la plume, lavé d'encre de Chine. Signé.

LESUEUR (E.)

129 — La Poésie, la Musique, la Peinture et la Sculpture; composition pour un plafond.

Très beau dessin à la plume, lavé de sépia.

LESUEUR (L.)

130 — Paysage traversé par une rivière.

Joli dessin à la sépia. Signé.

131 — Paysages avec rochers et chûtes d'eau.

Deux beaux dessins à la sépia, rehaussés de blanc. Signés.

LETHIÉRE

132 — Brutus condamnant ses deux fils à mort.

Très beau dessin à la pierre noire, rehaussé de blanc. sur papier bleu.

LOIR (Nicolas)

133 — Une Sainte en extase.

Très beau dessin à la sanguine, rehaussé de blanc.

LORRAIN (Claude)

134 — Paysage avec un ancien Temple, au bord d'une rivière.

Beau dessin à la plume.

LOUTERBOURG

135 — Le Troupeau à l'abreuvoir. — Intérieur d'une étable.

Deux très beaux dessins à la pierre noire, lavés d'encre de Chine et rehaussés de blanc, sur papier bleu.

MALLET

136 — Scène d'intérieur; deux jeunes femmes en costume du Directoire causent ensemble; en face d'elles. est assis un jeune garçon.

Très beau dessin à la gouache, de la plus parfaite conservation.

MARATTE (Carle)

137 — Sainte Famille.

Beau dessin à la plume et à la sanguine.

MARILLIER

138 — Vignette pour une tragédie de Regnard.

Très joli dessin à la plume, lavé de sépia. Signé.

139 — Vignettes pour une Histoire de France.

Dix très jolis dessins à la plume, lavés d'encre et de sépia et rehaussés de blanc, in-8.

MENGS (Raph.)

140 — La Charité.

Beau dessin à la sépia, rehaussé de blanc.

MONNET

141 — Apollon entouré des Arts et de l'Histoire; décoration pour un plafond.

Très beau et très important dessin à la gouache.

142 — Une Fontaine; sujet pour un frontispice.

Très beau dessin à la sépia.

MOREAU (Louis)

143 — Paysage.

Très beau dessin à la gouache.

NAUDET

144 — Effet de la Croix lumineuse à Rome, le Jeudi-Saint.

Très beau dessin à l'aquarelle, rehaussé de gouache.

NAUDET

145 — Laveuses et Pêcheurs au bord d'une rivière, près d'un pont en ruines.
Très beau dessin à l'aquarelle.

146 — Vues d'Italie.
Dix beaux dessins à la plume, lavés d'encre de Chine et de sépia.

147 — Vues d'Italie.
Vingt dessins à la plume, lavés d'encre de Chine et de sépia.

NICOLLE (V.-J.)

148 — Capella Italiana.
Très beau dessin à l'aquarelle. Signé.

149 — Entrée d'un monastère à Rome.
Joli dessin à l'aquarelle.

150 — Vues de Rome.
Cinq jolis dessins à la plume.

151 — Costumes de Rome, Scènes populaires, Vues, etc.
Quatorze très jolis dessins à la plume.

NILSON

152 — Fleuron et Cul-de-lampe.
Deux jolis dessins au crayon, lavés d'encre de Chine.

NOVELLI

153 — Narcisse se mirant dans l'eau.
Très beau dessin à la plume, lavé de sépia. Collections Jules Dupan et Gasc.

OMMEGANCK

154 — L'Agneau Pascal.
Très beau dessin à l'encre de Chine.

OUDRY (J.-B.)

155 — Le Renard pris au piége. — Sujets de chasse.

Six très beaux dessins à la plume.

OZANNE

156 — Marine.

Beau dessin à l'aquarelle.

PANINI (J.-P.)

157 — Ruines d'anciens monuments romains.

Très beau dessin à la sanguine.

PARROCEL

158 — Chasse au lion.

Beau dessin à la sanguine.

159 — Étude d'une figure de jeune berger.

Joli dessin à la sanguine, rehaussé de blanc. Signé.

PASINELLI

160 — Bacchus enfant.

Très beau dessin à la pierre noire et à la sanguine.

161 — Maxence se jetant dans le Tibre.

Très beau dessin à la plume.

PÉRIGNON

162 — Paysage avec figures.

Joli dessin à l'aquarelle.

PEYRON (J.-F.)

163 — Sacrifices humains dans l'antiquité.

Beau dessin à la plume, lavé d'encre de Chine.

PICART (B.)

164 — Sujets allégoriques.

Quatre très jolies vignettes à la plume, lavées d'encre de Chine.

165 — La Diseuse de bonne aventure. — Le Déjeuner
en tête-à-tête.

Deux jolis dessins à la plume, pour tabatières.

PIERRE (J.-M.)

166 — Etudes de têtes.

Beau dessin à la sanguine. A été gravé.

PILLEMENT

167 — Paysage avec rochers et chûte d'eau.

Très beau dessin à la pierre noire, rehaussé de blanc.

PINELLI

168 — Paysage aux environs de Rome.

Très beau dessin à la plume, lavé de sépia.

POLIDORE DE CARAVAGE

169 — L'Adoration des Mages.

Beau dessin à la plume, lavé de sépia.

170 — Combat de cavaliers.

Très beau dessin à la sépia, rehaussé de blanc.

PORTAIL

171 — Un Tambour de la garde royale.

Très beau dessin aux trois crayons.

PRIEUR

172 — Arabesques.
Onze jolis dessins à la plume, lavés d'encre de Chine.

PRUD'HON (P.-P.)

173 — La Grotte ; vignette pour la *Nouvelle Héloïse*.
Très beau dessin à l'encre de Chine rehaussé de blanc.

QUÉVERDO

174 — Sacrifice à Vénus.
Très beau et très important dessin à la sépia.

175 — Vénus et Vulcain.
Très beau dessin à la plume, lavé de sépia.

RAPHAEL SANZIO

176 — Étude pour une Sainte Famille et une figure de la Religion.
Beau dessin à la plume.

ROOS

177 — Enfants jouant avec une chèvre.
Très beau dessin au crayon, lavé de sépia.

ROWLANDSON

178 — Il Financiere burlato.
Très beau dessin à l'aquarelle.

179 — Une Consultation à Londres.
Joli dessin à l'aquarelle.

SALEMBIER

180 — Décoration intérieure d'un palais.
Très beau desssn à la plume, lavé d'encre de Chine,

SALVATOR ROSA

181 — Guerrier assis.

Très beau dessin à la plume.

182 — Étude de la figure de Persée délivrant Andromède.

Beau dessin à la sépia, rehaussé de blanc.

SARAZIN

183 — Paysage d'une grande étendue.

Très beau dessin à l'aquarelle.

184 — Paysage, avec de grands arbres au bord d'une rivière.

Très beau dessin à l'aquarelle.

185 — Intérieur de forêt.

Très beau dessin à l'encre de Chine.

SILVESTRE (ISRAEL)

186 — Vue d'un Château gothique. — Vue d'un Palais en Italie.

Deux très jolis dessins à la plume.

SNYDERS (FR.)

187 — Intérieur d'une cuisine.

Très beau dessin à la plume, lavé de sépia.

188 — Chasse au cerf.

Beau dessin au crayon noir et à la sanguine, lavé d'encre.

STELLA

189 — Apothéose d'un Pape.

Très beau dessin à la plume, lavé de sépia et rehaussé de blanc.

SUBLEYRAS

190 — L'Assomption de la Vierge.
Très beau dessin à la plume, lavé d'encre de Chine.

191 — Jeune Femme assise.
Dessin aux trois crayons.

SWEBACH-DESFONTAINES

192 — Une Bataille.
Très beau dessin à la plume, lavé de sépia. Signé.

193 — Une Troupe en marche.
Beau dessin au crayon, lavé de sépia.

194 — Soldats se reposant dans un camp. — Le Maré
chal-Ferrant.
Deux beaux dessins à l'encre de Chine.

TAVERNIER (H.

195 — Marine.
Beau dessin à l'encre de Chine. Signé.

TIEPOLO

196 — Le Martyre d'un Saint.
Très beau dessin à la plume, lavé de sépia.

TOPFER (A.)

197 — Paysage; vue du mont Blanc.
Très beau dessin à l'aquarelle. Signé.

198 — Paysage avec figures.
Beau dessin à la sépia. Signé.

TOPFER (A.)

199 — Vue de l'Entrée d'un couvent, au pied du mont
Solève.

Très beau dessin à la sépia. Signé.

TORO

200 — Motifs et Rinceaux d'ornement.

Deux très beaux dessins au crayon, lavés d'encre de Chine.

TRINQUESSE

201 — Jeune Fille assise, la tête appuyée sur sa main.

Très beau dessin à la sanguine. Signé.

VAN DE VELDE (Adr.)

202 — Vue d'un Moulin en Hollande.

Très beau dessin à la pierre noire, lavé d'encre de Chine.

VAN-DYCK (Attr. à)

203 — François de Moncade. — Aubertus Miraeus. —
Jacques de Breuck. — Constantin Huygens. — Le
Marquis de Santa-Croce.

Cinq beaux dessins à la plume.

VAN GOYEN

204 — Château en ruines entouré d'une rivière.

Beau dessin à la pierre noire. Signé.

VAN LIEUDER (P.)

205 — Vue d'une ville en Hollande.

Très joli dessin à l'encre de Chine.

VANLOO

206 — Un Peintre faisant le portrait d'une sultane.

> Très beau dessin à la sanguine.

207 — Seigneurs et jeunes Dames descendant sur un bateau.

> Très beau dessin à la plume, lavé de sépia.

208 — Études de figures pour ses tableaux de la Tragédie et de la Comédie.

> Très beau dessin à la plume, lavé de sépia.

VERNET (Jos.)

209 — Pêcheurs dans une barque.

> Joli paysage à la plume, lavé de sépia et d'encre de Chine.

VERSCHURING

210 — Une Bataille.

> Beau dessin à la sépia. Signé.

VIEN

211 — Etude d'une Figure de femme drapée.

> Beau dessin à la sanguine, avec la contre-épreuve.

VON BONN

212 — Fête flamande.

> Beau dessin à la plume. On y a joint la gravure.

WATELET

213 — L'Entrée d'un port de mer, en Italie.

> Très joli dessin à l'aquarelle.

WATELET

214 — Vue d'une ville. — Vue du Moulin-Joli.

Deux très jolis dessins à l'aquarelle.

WATTEAU (Ant.)

215 — Danseur vu de dos et jeune Femme de face.

Très beau dessin à la sanguine. A été gravé.

216 — Rendez-vous dans un parc.

Très beau dessin à la plume.

217 — Arlequin, Scapin et Polichinelle; sujet burlesque.

Très beau dessin à l'encre de Chine.

WICART

218 — Marines.

Deux très beaux dessins à l'aquarelle. Signés.

219 — Paysage avec figures et habitations.

Très beau dessin à l'encre de Chine. Signé.

WILLE (P.-A.)

220 — Vieillard assis, coiffé d'un bonnet.

Beau dessin à l'aquarelle. Signé.

WOUVERMANS

221 — Soldats se reposant à l'entrée d'un bois.

Beau dessin à la plume et à la sépia.

XAVERY (J.)

222 — Berger et Bergère gardant leurs troupeaux.

Joli dessin à la sépia. Signé.

ZUCCARO (Fr.)

223 — Saint Jacques, apôtre.

Très beau dessin à la plume, lavé de sépia.

DESSINS DIVERS

224 — Sujets religieux et mythologiques, de l'École italienne.

Seize dessins à la plume, lavés de sépia et à la sanguine.

225 — Sujets de l'Ancien et du Nouveau Testament et autres, par des maîtres français du xviie siècle.

Vingt-quatre dessins.

226 — Sujets divers, par Boucher, Caresme, Coypel, La Rüe, Lépicié, Perrin et Watteau.

Trente dessins à la plume, à la sanguine et à l'aquarelle.

227 — Sujets de batailles, par Parrocel, Swébach et autres.

Treize dessins à la plume et à la sépia.

228 — Paysages, des Ecoles italienne et hollandaise.

Ouinze dessins à la sanguine et à la plume.

229 — Paysages, des Ecoles flamande et française.

Quinze dessins à la plume et à l'encre de Chine.

230 — Marines, par Jos. Vernet, Guardi, etc.

Dix dessins à la plume, lavés de sépia et d'encre de Chine.

231 — Portraits par Largillière, Gérard, Granet, etc.

Sept dessins à la pierre noire, à la sanguine et à la sépia.

DESSINS DIVERS

232 — Grandes Compositions, des Ecoles française et
italienne.

Sept dessins.

233 — Dessins et Croquis, des Ecoles française et italienne.

Vingt petits dessins de Maitres, à la plume, lavés de sépia et
d'encre de Chine.

234 — Dessins et Croquis, de l'Ecole de David.

Cinquante-neuf pièces.

235 — Ornements, Frises, Plafonds et Motifs d'architecture.

Dix-sept beaux dessins.

236 — Plafonds, Intérieurs d'appartement, Décor de
théâtre, Trophées, etc.

Neuf beaux dessins à la plume et à l'encre de Chine.

237 — Intérieurs de palais, Architecture, Décorations
de jardins.

Dix-sept dessins.

238 — Attributs des Arts et des Sciences, les Eléments,
les Saisons, etc., d'après les peintures de Girodet,
exécutées au château de Compiègne.

Vingt sujets à la plume et à la pierre noire, rehaussés de blanc.

239 — Emblèmes.

Soixante sujets, dessinés à la plume, en un vol. in-8, rel. v.

240 — Etudes de figures, par Michel Corneille,
Greuze, Jeaurat, Lagrenée, etc.

Vingt-deux dessins à la pierre noire et à la sanguine.

DESSINS DIVERS

241 — Etudes de figures et Portraits.
Vingt-cinq dessins.

242 — Etudes d'animaux.
Quatorze dessins à la plume, au crayon et à la sépia.

243 — Etudes de fleurs.
Seize dessins, la plupart à l'aquarelle, et plusieurs sur parchemin.

244 — Contre-épreuves de dessins, de Boucher, Chardin, Cochin, Fragonard, Trinquesse, Wille, etc.
Trente-cinq sujets à la sanguine.

DESSINS MODERNES

ADAM (V.)

245 — Général sur un champ de bataille, en Afrique.

Très beau dessin à la sépia, rehaussé de pastel. Avec dédicace. Signé.

246 — Le Maréchal-Ferrant.

Joli dessin à la sépia. Signé.

247 — Halte de mousquetaires.

Beau dessin à la mine de plomb.

ANDRIEUX

248 — Une Loge à l'Opéra.

Très joli dessin à l'aquarelle. Signé.

249 — Jeune Femme soignant un malade.

Beau dessin à l'aquarelle. Signé.

250 — Un Général, sous le Consulat.

Joli dessin à l'aquarelle.

251 — Le Pêcheur à la ligne.

Joli dessin à l'aquarelle. Signé.

252 — Types et Sujets divers.

Quinze jolis dessins à la plume.

ANONYME

253 — Vue de Saint-Pierre de Rome et du château Saint-Ange; effet de clair de lune.

Beau dessin à la pierre noire, rehaussé de blanc, sur papier bleu.

ANONYME

254 — Moulin de l'hospice, à Charenton-Saint-Maurice.
Beau dessin à l'aquarelle.

255 — Vignette du prospectus de la Librairie Bourdin.
Joli dessin à la plume.

BALLUE (Hipp.)

256 — Vue d'une ville au moyen âge.
Très beau dessin à l'aquarelle. Signé.

BALTARD (L.)

257 — Vue d'un château crénelé, en Italie.
Très beau dessin à l'encre de Chine. Signé.

258 — Une Grotte avec chute d'eau.
Beau dessin à l'encre de Chine et à la sépia. Signé.

259 — Vue d'une ville, en Italie.
Très beau dessin à l'encre de Chine et à la sépia, rehaussé de blanc.

BELLANGÉ (H.)

260 — Soldat en sentinelle à l'entrée d'un bois, par un temps de neige.
Joli dessin à l'aquarelle.

BÉNOUVILLE

261 — Portrait de Nicolas Poussin, en pied.
Très beau dessin à la sanguine.

BENTABOLE (L.)

262 — Paysage au bord d'une rivière.
Beau dessin à l'aquarelle. Signé.

BERTIN (J. V.)

263 — Paysage ; vue d'Italie.

Très beau dessin à l'encre de Chine. Signé.

BOISSEAU (L.)

264 — Paysage ; vue d'un ancien pont.

Beau dessin à la sépia. Signé.

265 — Paysage avec habitations.

Très beau dessin à la mine de plomb. Signé.

BONINGTON (D.).

266 — Vue au bord de la mer ; effet de soleil couchant.

Beau dessin à l'aquarelle. Signé.

BONINGTON ((D'après R. P.)

267 — La Lecture.

Beau dessin à la sépia.

BOURGEOIS (C.)

268 — Intérieur d'un cloître.

Beau dessin à l'aquarelle. Signé.

269 — Vue du château de Pierrefonds ?

Très beau dessin à l'encre de Chine. On y a joint la gravure.

270 — Vue de l'Ile des Peupliers et du Tombeau de J.-J. Rousseau, à Ermenonville.

Joli dessin à la sépia.

271 — Monastère de Saint-Onofrio. à Rome. — Vue d'Italie.

Deux jolis dessins à la sépia.

BOURGEOIS (C.)

272 — Vue d'un village.
Beau dessin à la sépia. Signé.

273 — Vues d'Italie.
Cinq beaux dessins à la sépia.

BOUTON

274 — Moine agenouillé à l'entrée d'une voûte, en Italie.
Beau dessin à l'aquarelle. Signé.

275 — Vue intérieure d'une Eglise gothique.
Très beau dessin à la sépia, rehaussé de blanc. Signé.

276 — Escalier d'un souterrain.
Beau dessin à la sépia. Signé.

BRASCASSAT

277 — Paysages ; vues d'Italie.
Deux très beaux dessins à la sépia. Signés.

CALAME (A.)

278 — Paysage ; site montagneux.
Très beau dessin à l'aquarelle. Signé.

CHANDELIER (T.)

279 — Vue de la Tour de François Ier, à l'entrée du port du Havre.
Très beau dessin au crayon noir, rehaussé de blanc. Signé.

280 — Vue du chateau de Jonzac.
Très beau dessin à la mine de plomb, rehaussé de blanc et d'aquarelle. Signé.

CHAPUY

281 — Le Député et l'Électeur. — Le Journal au village. — Le Chiffonnier, etc.

Cinq jolis dessins à l'aquarelle. Signés.

CHARLET

282 — Paysage.

Très beau dessin à la plume. Signé.

283 — Le vieux Sergent. — La Vivandière; vignettes pour les Chansons de Béranger.

Deux dessins à la plume et au crayon, lavés d'encre de Chine.

CICERI (Eug.)

284 — Paysage, avec cabanes de pêcheurs au bord d'une rivière.

Très beau dessin à l'aquarelle. Signé.

285 — Paysage avec figures.

Beau dessin à la sépia. Signé.

CLERGET

286 — Vue de l'Eglise de la Madeleine et de la Rue Royale.

Dessin au crayon, lavé d'aquarelle.

287 — Intérieur d'une forêt.

Beau dessin à l'aquarelle.

COINY

288 — Jeunes Femmes à Tivoli. — Une Italienne en prière.

Deux très jolis dessins à l'aquarelle. Signés.

COLIN (A.)

289 — Une Famille bretonne.

Très beau dessin à l'aquarelle. Signé.

COLLIN (E.)

290 — Paysage ; ruines d'un château gothique.

Beau dessin à la sépia. Signé.

COMPTE-CALIX

291 — Une Châtelaine en costume du moyen âge.

Beau dessin à la mine de plomb, rehaussé de blanc et d'aquarelle. Signé.

DAVID (G.)

292 — Une Sultane.

Joli dessin à la pierre noire, lavé d'aquarelle.

DAVID (Louis)

293 — The sister moralising.

Beau dessin à la pierre noire et à l'aquarelle. Signé.

294 — Une jeune Femme à sa fenêtre.

Très joli dessin à la pierre noire, rehaussé de blanc.

DE BOISSIEU

295 — Vue d'un château sur le haut d'un rocher, au pied duquel coule une rivière.

Très beau dessin à la plume, lavé d'encre de Chine et rehaussé de blanc.

DEBRET (F.)

296 — Coupe longitudinale du Trésor projeté, pour l'église royale de Saint-Denis.

Très beau dessin à l'aquarelle. Signé.

DEMARNE

297 — Paysage avec figures.

Beau dessin à la sépia.

DEVÉRIA

298 — Vignette pour les Plaideurs, de Racine. In-18.

Joli dessin à la sépia. Signé.

DEVÉRIA (Attribué à)

299 — Portrait de François Rabelais.

Beau dessin au crayon et à la sépia.

DEVÉRIA et H. VERNET

300 — Vignettes pour différents ouvrages.

Quinze dessins à la sépia et à la mine de plomb.

DORÉ (Gustave)

301 — Etudes de figures.

Deux dessins au crayon noir et à la plume.

EMY (H.)

302 — Un Concert au XVIIIe siècle.

Joli dessin à la plume.

ENFANTIN

303 — Paysage avec une chaumière.
Beau dessin à la sépia. Signé.

304 — Une Cour de ferme.
Beau dessin à la sépia. Signé.

305 — Paysages.
Deux jolis dessins à la sépia.

FÉLON (JOSEPH)

306 — Galatée sur les eaux.
Beau dessin aux trois crayons.

307 — Etude de figures nues.
Joli dessin à la sanguine.

FÉROGIO

308 — Jeunes Filles faisant un bouquet.
Beau dessin à l'aquarelle. Signé.

FESCHNER (CL.)

309 — La Séduction.
Esquisse à l'aquarelle sur papier glacé.

310 — Paysage ; effet de clair de lune.
Très joli dessin au noir de fumée, rehaussé de blanc.

FIELDING (NEWTON)

311 — Chasse à la bécasse.
Très beau dessin à l'aquarelle. Signé.

FINART (N.)

312 — Un Etat-Major en marche.

Très beau dessin à l'aquarelle. Signé.

FLANDRIN

313 — Une Femme agenouillée et priant.

Beau dessin au crayon noir, rehaussé de blanc.

FOREST (Eug.)

314 — Feuille de croquis.

Très beau dessin à la plume. Signé.

FORT (Th.)

315 — Paysan normand allant au marché.

Beau dessin à la mine de plomb, rehaussé de blanc et d'aquarelle. Signé.

FRAGONARD FILS

316 — Raphaël présenté au Pérugin.

Très beau dessin à la plume, lavé de sépia et rehaussé de blanc.

317 — Rubens et sa Famille.

Très beau dessin à l'aquarelle.

GASSIES (J.)

318 — Sujet mythologique.

Beau dessin à la mine de plomb, rehaussé de blanc.

GÉRICAULT

319 — Cavalier arabe.

Beau dessin à la sépia. Signé.

GHIRARDI

320 — Paysage avec figures et habitations.

Beau dessin à l'aquarelle. Signé.

GIRARD (Ernest)

321 — Une Orientale.

Joli dessin à la pierre noire, rehaussé de blanc et d'aquarelle.

GODEFROY

322 — Vue d'une ancienne église de village.

Très beau dessin à l'aquarelle. Signé.

GRANDVILLE (J.-J.)

323 — A la Poire couronnée; caricature sur Louis-Philippe.

Très beau dessin à l'aquarelle. Signé.

324 — Le Singe peintre.

Très beau dessin à l'aquarelle. Signé.

325 — Singe habillé en militaire.

Beau dessin à l'aquarelle. Signé.

326 — Proverbes; l'Ane de plusieurs, les loups le mangent.

Beau dessin à la plume. Signé.

GRANET

327 — Une Prison à Rome.

Très beau dessin à l'aquarelle. Signé.

328 — Une Réunion de savants.

Joli dessin à la plume. Signé.

GRANET

329 — Portraits de : Abel de Pujol, Vaudoyer, Dumont et autre.

Quatre jolis dessins à la plume. Signés.

GUYOT

330 — Route de la Grande-Chartreuse, à Fourvoirie. — Vue prise aux environs de Rome.

Deux beaux dessins à la sépia, rehaussé de blanc.

HÉROULT

331 — Animaux au bord d'une rivière ; au fond un château-fort.

Très beau dessin à l'aquarelle. **Signé.**

HERVY (Paul)

332 — Figure pour le Diable à Paris.

Beau dessin à l'encre de chine et à la sépia. **Signé.**

HUBERT

333 — Paysage.

Très beau dessin à l'aquarelle. Signé.

334 — Intérieur d'une forêt.

Très beau dessin à la sépia. **Signé.**

335 — Paysage avec chaumières.

Très beau dessin à la sépia. Signé.

JOZAN

336 — La Lettre du bien-aimé.

Beau dessin à la mine de plomb, rehaussé de blanc et d'aquarelle. Signé.

JUNG (Th.)

337 — Une Bataille.

> Très beau dessin à l'aquarelle. Signé.

LAMY (Eug.)

338 — Cuirassier à cheval, à l'entrée d'un village.

> Beau dessin à l'aquarelle. Signé.

LAZERGES

339 — Portrait de jeune fille.

> Beau dessin à la pierre noire, rehaussé de blanc. Signé.

LEBAS (H.)

340 — Paysage au bord de la mer.

> Très beau dessin à l'aquarelle. Signé.

LELOIR (Héloïse)

341 — Jeunes Filles en costume du XVI⁰ siècle, chantant et jouant de la mandoline.

> Très joli dessin à la mine de plomb, rehaussé de blanc et d'aquarelle. Signé.

LE POITTEVIN

342 — Marine.

> Joli dessin à l'aquarelle.

MARTINS (J.)

343 — Paysages avec figures, au bord de la mer.

> Très beau dessin à la sépia.

MICHALLON

344 — Vue de Rome.

Joli dessin à la sépia. Signé.

MILON

345 — Vues de Chateau-Gaillard, Honfleur, Rouen, etc.

Cinq jolies aquarelles, genre miniature. Signées.

MONNIER (H.)

346 — Un Homme debout.

Joli dessin à la plume.

MOREL (A.)

347 — Une Procession au moyen âge. — Portail d'une Cathédrale gothique.

Deux beaux dessins à l'aquarelle et à la gouache. Signés.

348 — Vue de l'entrée d'un château gothique. — Vue d'une ville d'Orient.

Deux beaux dessins à l'aquarelle. Signés.

MOZIN (C.)

349 — Marine.

Beau dessin à la sépia. Signé.

PEQUÉGNOT

350 — Maisons au bord d'une rivière.

Beau dessin à l'aquarelle.

PERNOT (F.-A.)

351 — Ancien Pont de Milhau (Aveyron).

Beau dessin à la mine de plomb. Signé.

PERRIN (Alph.)

352 — Ruines de l'ancien palais de la reine Jeanne,
près de Naples.
Beau dessin à l'aquarelle.

PROUT

353 — Ruines du château d'Edimbourg. — Autre vue
d'Ecosse.
Deux beaux dessins à l'aquarelle.

RABIGOT

354 — Vue des tuileries de Saint-Privé, près Orléans.
— Vue d'un moulin sur le Loiret.
Deux beaux dessins à l'encre de Chine. Signés.

RÉGNIER

355 — Moulin à eau, à Royat.
Beau dessin à la sépia. Signé.

RÉMY

356 — Paysage, avec une madone gothique sur le bord
d'une route.
Beau dessin à l'aquarelle. Signé.

357 — Une Eglise de village en ruines.
Joli dessin à la sépia. Signé.

ROEHN

358 — Représentation de saltimbanques.
Beau dessin à la sépia, rehaussé de blanc. Signé.

359 — Un Marchand de marrons.
Beau dessin à la sépia. Signé.

·ROQUEPLAN (C.)

360 — Paysage ; personnages contemplant une chute d'eau.

Beau dessin à la sépia. Signé.

TASSAERT

361 — Scène de roman.

Beau dessin à la plume et à la pierre noire.

THIÉNON·

362 — Un Moine assis sur un rocher et lisant.

Très beau dessin à l'aquarelle.

VILLENEUVE

363 — Abside d'une Église romane. — Ancienne Porte, à l'entrée d'un village.

Deux beaux dessins à la sépia. Signés.

VITAL

364 — Paysage.

Joli dessin à l'aquarelle. Signé.

WATTIER

365 — Promenade, Concert et Assemblée galante dans un parc.

Trois jolis dessins à la gouache, à l'aquarelle et à la mine de plomb.

WESTALL

366 — Jeune Fille assise dans un bois.

Très jolie vignette à l'aquarelle.

WINTERHALTER

367 — Portraits du duc de Reichstadt et de Napoléon III,
en pied.

> Deux jolis dessins à la mine de plomb.

WOLFF

368 — L'Actrice. — Le Garçon de restaurant.

> Deux beaux dessins à la pierre noire. Signés.

369 — L'Amateur de peinture. — Le Modèle.

> Deux beaux dessins à la pierre noire. Signés.

370 — L'Orateur. — La Marchande à la toilette. — Les
Suites d'une querelle de ménage.

> Trois beaux dessins à la pierre noire.

371 — Lancier et Artilleur de la garde nationale.

> Deux beaux dessins à la mine de plomb et à la pierre noire.

372 — Dominos. — Pierrots. — Le Chien de la portière.

> Trois dessins à la pierre noire.

DESSINS DIVERS

373 — Un Album contenant soixante-dix-neuf dessins
par Granet, Bourgeois, Ciceri, Owen, Hubert, Mi-
challon, Thénot, Villeneuve, Coignet, Joly et autres.

> A la sépia et à l'aquarelle.

374 — Album contenant douze Marines japonaises.

> En couleur, sur papier de riz. In-8.

375 — Compositions diverses, Sujets pour Dessus-de-
Portes, Etudes et Croquis.

> Trente-six dessins au crayon, à la plume et à l'aquarelle.

DESSINS DIVERS

376 — Scènes historique de l'Histoire de France, Frontispice, etc.
Six dessins de vignettes à la sépia.

377 — Têtes d'expression et Caricatures.
Vingt-neuf dessins à la plume et à l'aquarelle.

378 — Types divers, par Wolff et Andrieux.
Dix jolis dessins à la pierre noire et à la mine de plomb.

379 — Oiseaux, Papillons, Insectes, Plantes.
Seize dessins, la plupart à l'aquarelle.

380 — Paysages, Vues et Sujets divers.
Trente petits dessins à l'aquarelle.

381 — Paysages, Vues et Sujets divers,
Vingt-six dessins.

382 — Vues de France, Détails d'architecture, Statues, etc.
Soixante-dix-neuf petits dessins à la mine de plomb.

383 — Vues d'Italie.
Vingt-deux dessins à la plume et à la sépia.

384 — Vues de Suisse.
Vingt et un dessins à la sépia et à l'encre de Chine.

385 — Vues et Paysages.
Quatorze beaux dessins à l'aquarelle.

386 — Vues et Paysages.
Vingt-huit dessins à la sépia et à l'encre de Chine.

ESTAMPES

—

ANONYME

387 — Billet de bal de Messieurs les Ambassadeurs d'Espagne, à l'Hôtel de Bouillon, en 1730.

> Belle épreuve.

388 — Carte de Mme la Comtesse d'Aranda. — Billet d'entrée à une représentation au Collège Mazarin, le 8 août 1735.

> Deux pièces.

389 — Billet d'entrée aux Expériences de M. Blanchard, en 1784.

> Belle épreuve.

390 — Répertoire; cartouche en blanc, avec les attributs de la musique et de la peinture, en haut un médaillon avec la tête d'Apollon et la devise : Aspicit et fulgent.

> Belle épreuve avant toutes lettres, grandes marges.

391 — Scène d'un roman anglais.

> Très belle épreuve avant la lettre, en bistre.

392 — Portrait de H. B. de Saussure, d'après Juel.

> Très belle épreuve en couleur. Rare.

ARDELL (J.-M.)

393 — Rubens avec sa femme et son fils, d'après lui-même.

> Très belle épreuve, montée en dessin.

AUBRY-LE-COMTE

394 — La Vérité. — Femme nue couchée, d'après Girodet-Trioson.

Deux pièces, très belles épreuves avant la lettre, sur chine.

395 — La Vérité, d'après Girodet, réduction.

Très belle épreuve avant la lettre, sur chine.

396 — La Sainte Famille, d'après Raphaël.

Très belle épreuve sur chine.

BARTOLOZZI

397 — Céphale et l'Aurore, d'après Pière de Cortone.

Très belle épreuve en bistre.

398 — Portrait d'Angélica Kauffmann, d'après Joshua Reynolds.

Très belle épreuve.

BLÉRY (Eug.)

399 — Feuillages.

Huit pièces sur chine, très belles épreuves.

400 — Motifs de plantes.

Douze pièces sur chine, très belles épreuves.

401 — Motif de plantes.

Huit pièces, très belles épreuves sur chine.

402 — Sites pittoresques.

Douze pièces sur chine, plusieurs avant la lettre.

403 — Petits Paysages et Vues diverses.

Vingt-trois pièces sur chine, très belles épreuves.

BOILLY (D'après)

404 — La Pièce curieuse, par Darcis.

Belle épreuve, toutes marges.

BOSSE (ABR.)

405 — Les Vierges folles.

Belle épreuve.

BOUCHER (D'après)

406 — L'Education de l'Amour, par Demarteau.

Très belle épreuve à la sanguine, montée en dessin.

407 — L'Etude de la Musique, par Demarteau.

Très belle épreuve à la sanguine.

408 — La Pipée. — Guerriers russes, par Demarteau.

Deux pièces, belles épreuves à la sanguine, toutes marges.

409 — La Sagesse et la Justice, par Bonnet.

Très belle épreuve imprimée à deux tons, sur papier bleu.

410 — Jeune Fille allant puiser de l'eau, par Janinet.

Très belle épreuve avant la lettre, à la sanguine, toutes marges.

411 — La Bouillie. — La Lecture.

Deux pièces à la sanguine et au bistre.

BURNET (J.)

412 — Sir Walter Scott, d'après W. Allan.

Très belle épreuve lettres-grises.

CALAME

413 — Paysages gravés à l'eau-forte.

Douze pièces, très belles épreuves sur Chine.

CALLOT

414 — Les·Misères de la guerre. — Les Gueux. — Martyre des apôtres. — La Noblesse. — Vie de la Vierge. — Nouveau Testament. — Les Fantaisies. — Les Gobbi. — Balli di Sfessania. — La Vie de l'Enfant prodigue. — Batailles. — Vues de Paris, etc,. — Ornements, figures diverses, Marines, Conduites de troupes, Exercices de cavalerie, etc, par Della Bella.

Un volume contenant quatre cent seize pièces, la plus grand partie de réimpression déjà ancienne.

415 — Gravures diverses, par et d'après Callot.

Quarante-cinq pièces.

CANALETTI

416 — Vues de Venise.

Deux pièces originales. Très belles épreuves.

CHARLET

417 — Lithographies diverses.

Trente-six pièces, plusieurs rares.

COUSINS (SAMUEL)

418 — Master Lambton. — The Painters Study, d'après Thom. Lawrence.

Deux pièces, belles épreuves.

CRISPIN DE PAS

419 — Portrait d'homme.

Très belle épreuve avant toutes lettres.

DE BOISSIEU

420 — Partie de l'OEuvre de J.-J. De Boissieu.
   Cent pièces, très belles épreuves , plusieurs sur Japon.

DEBUCOURT

421 — Le Joueur de cornemuse, d'après Carle Vernet.
   Très belle épreuve en couleur, toutes marges.

422 — La Fin des Gastronomes.
   Très belle épreuve en couleur.

423 — Marchand de vin des environs de Rome, d'après Carle Vernet.
   Très belle épreuve en couleur, toutes marges.

DE LAULNE (Et.)

424 — Arabesques,
   Quatre pièces, très belles épreuves.

DELLA-BELLA

425 — Partie de l'OEuvre de Della Bella.
   Cent quatre pièces.

DEMARTEAU

426 — Chevaux de hallage.
   Belle épreuve en couleur.

DEPEUILLE (chez)

427 — La Coalition.
   Très belle épreuve.

DUFLOS (C.)

428 — Sainte Cécile, d'après Mignard. — L'annonciation, d'après le Dominiquin.

> Deux pièces, très belles épreuves.

DUPLESSIS-BERTAUX

429 — La Vie de l'Enfant prodigue.

> Suite de douze figures, épreuves d'artiste sur parchemin et le portrait avant la lettre.

430 — La Bienfaisance ingénieuse.

> Très belle épreuve, toutes marges.

EARLOM

431 — A Flower piece, d'après Van Huysum.

> Très belle épreuve.

432 — Le Cuisinier hollandais, d'après Snyders.

> Très belle épreuve avant toutes lettres.

FORSTER

433 — François Ier et Charles-Quint, visitant les tombeaux des rois de France à Saint-Denis.

> Très belle épreuve.

FRAGONARD (D'après)

434 — La bonne Mère, par Audebert.

> Très belle épreuve en couleur, toutes marges.

435 — L'Armoire, en réduction.

> Très belle épreuve.

436 — Les Regrets inutiles. — La Sortie du troupeau.

> Deux pièces gravées en fac-simile.

FREUDEBERG (D'après)

437 — Le Soldat en semestre, par Ingouf.

> Très belle épreuve à l'état d'eau-forte avancée.

GILLOT

438 — L'Enfance. — L'Adolescence. — La Virilité. — La Vieillesse.

> Quatre pièces, belles épreuves.

439 — La Naissance. — L'Education. — Le Mariage. — Les Obsèques.

> Quatre pièces, très belles épreuves.

440 — Fête au dieu Pan. — Fête de Diane. — Sujet allégorique.

> Trois pièces, très belles épreuves.

GILLOT (D'après)

441 — La Passion des richesses. — La Passion de l'amour. — La Passion de la guerre. — La Passion du Jeu, par Audran.

> Quatre pièces, belles épreuves.

GOYA

442 — Les Caprices.

> Suite de quatre-vingts pièces, très belles épreuves, en un vol. dem.-rel. v., non rogné.

GRENIER

443 — Chasse au tir; deux cahiers de douze pièces.

> Un volume obl., demi-rel., contenant 24 pièces.

HENRIQUEL-DUPONT

444 — Portrait de Mme Feuillet de Conches. — Louiche Desfontaines.

Deux pièces, belles épreuves.

HOGARTH (W.)

445 — The Works of William Hogarth, in-4.

Soixante-dix pièces et un frontispice, belles épreuves.

HOUBRAKEN

446 — Portraits.

Douze pièces avant la lettre, toutes marges.

HUTIN (Ch.)

447 — Recueil de différents sujets, composés et gravés par Charles Hutin, 1763.

Douze pièces, belles épreuves, toutes marges.

JANINET

448 — L'Amour rendant hommage à sa mère, d'après Boucher.

Très belle épreuve en couleur, rogn. à l'ovale.

449 — Foire hollandaise, d'après Ostade.

Belle épreuve en couleur.

JOLIVARD

450 — Paysages; eaux-fortes originales.

Six pièces, très belles épreuves avant toute lettre, sur chine.

LAUGIER

451 — La Mort de Sapho, d'après Gros.
  Très belle épreuve.

LEBRUN (D'après)

452 — Les Batailles d'Alexandre.
  Six pièces, petit in-fol.

453 — Portrait d'un sculpteur, gravé à l'aquatinte par
  Wm Pether.
  Belle épreuve.

LECLERC (Séb.)

454 — Recueil d'Estampes, gravées par Sébastien
  Leclerc. — Sujets de l'ancien Testament, Batailles,
  Plans, etc.
  Un vol. in-4 obl. relié, parch., contenant 40 pl.

455 — Chemin de la Croix, dédié à Monseigneur le
  cardinal de Richelieu.
  Suite de trente-six planches, très belles épreuves.

LESUEUR (D'ap.)

456 — Galerie de Saint-Bruno, peinte par Lesueur et
  gravée par Villeret.
  Suite de vingt-sept planches et texte, in-8.

LIGNON

457 — Sainte Cécile, d'après le Dominiquin.
  Belle épreuve.

LORRAIN (Claude)

458 — La Fuite en Égypte. — Le Naufrage. — Scène de brigands. — Les quatre Chèvres.

Quatre pièces, belles épreuves.

LOUTERBOURG

459 — Tranquillité champêtre. — La bonne petite Sœur.

Deux pièces, très belles épreuves.

460 — Seconde suite de Figures, dessinées et gravées par P. J. Louterbourg.

Douze pièces, très belles épreuves.

MARIN LAVIGNE

461 — Portrait d'Aubry-le-Comte, d'après lui-même, gr. in-fol.

Très belle épreuve sur Chine. Rare.

MARVY et Ch. JACQUE

462 — Eaux-fortes par Marvy et Ch. Jacque, à Paris, chez Curmer.

Vingt-sept pièces ; dans le portefeuille de publication.

MERCURI

463 — Les Moissonneurs dans les Marais-Pontins.

Très belle épreuve sur Chine.

MOUILLERON

464 — L'Auberge de l'Ecu de France, d'après Isabey.

Très belle épreuve sur Chine.

MOUILLERON

465 — André Vésale, d'après Hamman.

Très belle épreuve sur Chine.

MULLER (Fr.)

466 — Saint Jean, d'après le Dominiquin.

Très belle épreuve, avec la date de 1808.

MULLER (H.-C.)

467 — L'Enlèvement de Psyché, d'après Prud'hon.

Très belle épreuve.

NORBLIN

468 — Œuvre de P. Norblin, composé de soixante-dix-sept sujets.

Très belles épreuves.

ORNEMENTS

469 — Ornements de Ducerceau, Meissonnier, Lepautre, etc.

Vingt-sept pièces.

OSTADE

470 — Sujets divers.

Vingt-quatre pièces.

PÉRELLE et DELLA-BELLA

471 — Paysages.

Un album contenant soixante-dix pièces, très belles épreuves.

PÉRIGNON

472 — Paysages.
Trente-trois pièces, belles épreuves.

PICART (C.)

473 — Portrait de Robert Smirke, d'après Jackson, in-4.
Très belle épreuve.

POILLY, exc.

474 — Rinceaux d'ornements.
Cahier de six pièces, toutes marges.

POSSELWHITE

475 — La belle Chocolatière, d'après Liotard.
Très belle épreuve.

POUSSIN (D'après)

476 — Les Travaux d'Hercule, par J. Pesne.
Treize pièces, très belles épreuves.

PRADIER (C.-S.)

477 — L'Amour et Psyché, d'après Gérard.
Belle épreuve avant la lettre.

PRUDHON

478 — Une Lecture.
Très belle épreuve sur papier de chine.

479 — Une Famille malheureuse.
Très belle épreuve sur papier de chine, toutes marges.

480 — L'Enfant au chien.
Très belle épreuve. Rare.

PRUDHON (D'après)

481 — L'Amour et l'Amitié, par Aubry-le-Comte.
Très belle épreuve sur papier de chine.

482 — La Caresse. — L'Egratignure, par J. Boilly.
Deux pièces, très belles épreuves sur papier de chine.

483 — Les petits Dévideurs. — Les petits Fileurs, par Aubry-le-Comte.
Deux pièces, très belles épreuves sur papier de chine.

484 — Apollon et les Muses, par Jules Boilly.
Suite de dix pièces, dans la couverture de publication.

485 — Vénus et Adonis, par J. Boilly.
Très belle épreuve sur chine.

486 — Le Triomphe de Vénus, par Jules Boilly.
Très belle épreuve imprimée à deux tons sur papier bleu.

487 — Vénus au bain, par J. Boilly.
Très belle épreuve sur chine.

488 — Les Trois Parques, par A. Colas, 1846.
Très belle épreuve avant toutes lettres sur chine.

489 — Plafond de Diane, au Louvre, par J. Boilly.
Très belle épreuve imprimée sur papier bleu.

490 — Les Vendanges, par Aubry-le-Comte.
Très belle épreuve sur papier de chine.

491 — Joseph, par J. Boilly.
Très belle épreuve.

492 — La Vierge, par Aubry-le-Comte.
Très belle épreuve sur papier de chine.

PRUDHON (D'après)

493 — Le Christ en croix, par Reynolds.
  Belle épreuve.

494 — La Poésie. — Les Arts. — L'Industrie. — La Navigation, etc., grav. par Prudhon fils.
  Huit pièces, très belles épreuves toutes marges.

495 — L'Agriculture. — L'Astronomie. — La Victoire. etc.
  Dix petites gravures en réduction, toutes marges.

496 — La Musique. — L'Orfévrerie, etc., par Jules Boilly.
  Quatre sujets sur la même feuille.

497 — La Force. — La Justice, par Eug. Le Roux.
  Deux pièces, très belles épreuves sur papier bleu.

498 — La Justice, par Jules Boilly.
  Très belle épreuve sur chine.

499 — Buste de jeune fille, gravé par Debucourt.
  Très belle épreuve imprimée en bistre.

500 — L'Amour appuyé sur son arc. — Frontispice du Racine de Didot. — L'Assomption de la Vierge, etc.
  Sept pièces lithog. et gravées.

RAFFET et BELLANGÉ

501 — Lithographies diverses.
  Vingt et une pièces.

RAIMONDI (Marc-Antoine)

502 — La Vierge à l'escalier, d'après Raphaël.
  Très belle épreuve, restaurée.

RAOUX (D'après)

503 — David et Bethsabée, par Chéreau le jeune.
Très belle épreuve.

REMBRANDT

504 — Le Petit Orfèvre. — Vieillard à grande barbe et
bonnet fourré.
Deux pièces, très belles épreuves.

505 — L'Ange disparaissant devant Tobie. — L'Adoration des Mages. — L'Adoration des Bergers. —
Jésus et la Samaritaine. — Jésus chassant les vendeurs du Temple.
Cinq pièces, belles épreuves.

REMBRANDT (Par et d'après)

506 — Ecce Homo. — Descente de croix.
Deux pièces, belles épreuves, collées.

507 — La Mort de la Vierge. — Le Peseur d'or.
Deux pièces, belles épreuves.

508 — Sujets divers.
Vingt-quatre pièces.

REYNOLDS (S.-W.)

509 — L'Amour assis sur des nuages, d'après Owen.
Belle épreuve.

RICHOMME

510 — Neptune et Amphitrite, d'après Jules Romain.
Très belle épreuve avaut la lettre.

511 — La Vierge au Silence, d'après Ann. Carrache.
Belle épreuve.

ROEHN

512 — Eaux-Fortes originales.
Neuf pièces, très belles épreuves, sur papier de chine.

RUYSDAEL (J.)

513 — Le Coup de vent.
Belle épreuve.

SADELER

514 — Les Femmes des douze Césars.
Onze pièces, très belles épreuves.

STRANGE (Rob.

515 — Romulus et Rémus sur le bord du Tibre, d'après
Pietre de Cortone.
Très belle épreuve.

SWANEVELT (H.)

516 — Paysages.
Trente pièces, belles épreuves.

TÉNIERS (D'après)

517 — Le Déjeuner flamand, par J. Tardieu.
Très belle épreuve.

518 — Les Compagnons menuisiers, par Moitte.
Très belle épreuve.

519 — Fêtes flamandes, Vues et Paysages.
Vingt-quatre pièces.

THÉODORE DE BRY

520 — Sujet de l'Ancien Testament. — Marche de troupes.

Trois pièces en forme de frises ; très belles épreuves.

TIÉPOLO

521 — Vari capricci dal celebre Gio Battista Tiépolo, 1785.

Cahier de dix pièces et un frontispice, toutes marges.

VAN SPAENDONCK

522 — Fleurs, gravées par P.-F. Legrand.
Quinze pièces coloriées.

VERDIER

523 — Histoire de Samson.
Suite de quarante pièces ; très belles épreuves

VERNET (D'après Jos.)

524 — Marines.
Cinq pièces.

VERNET (CARLE ET HORACE)

525 — Lithographies diverses.
Trente-quatre pièces.

VIGNETTES

526 — *Cervantes.* Suite complète de soixante-quatorze figures de Smirke pour Don Quichotte, in-8.

Très belles épreuves avant la lettre, sur chine, tirées in-fol. ; dans le portefeuille de publication.

VIGNETTES

527 — *Cervantes*. Suite complète de 24 figures, d'après Westall, pour Don Quichotte, in-18.

Très belles épreuves avant la lettre, sur chine, marges, in-4.

528 — *Chateaubriand*. Suite de vingt-six figures, d'après Alfred et Tony Johannot, in-8.

Très belles épreuves avant la lettre sur chine, tirées in-fol.

529 — *Cooper*. Suite complète de 27 titres, gravés par Tony Johannot.

Très belles épreuves d'artiste sur papier de chine, tirés deux à la feuille.

530 — Suite de 25 figures gravées par les Johannot.

Très belles épreuves avant la lettre sur chine, tirées in-fol.

531 — *Galland*. Suite complète de vingt-quatre gravures de Smirke, pour les Mille et une Nuits, publiées à Londres, par W. Miller, gr. in-8.

Très belles épreuves, tirées in-fol.

532 — Suite de six vignettes pour le même ouvrage, d'après Smirke, publiées par Longman, in-8.

Très belles épreuves, lettres grises, sur chine, toutes marges.

533 — *Goëthe*. Suite de dix figures de Tony Johannot dont un portrait, pour Faust, in-8.

Très belles épreuves avant la lettre, sur chine, in-fol.

534 — Suite de dix figures de Tony Johannot, et un Portrait pour Werther, in-8.

Très belles épreuves avant la lettre, sur chine, tirées in-fol.

535 — *Lamartine*. Vignettes pour les Confidences et Raphaël, par Tony Johannot, in-8.

Onze pièces, belles épreuves.

VIGNETTES

536 — *Lesage*. Suite complète de vingt-quatre figures de Smirke, pour Gil Blas. grand in-8.

Très belles épreuves avec le nom en grosses lettres grises. sur chine, marges in-4.

537 — *Molière*. Suite de trente-trois figures dont un portrait, par Legrand, d'après Boucher — plus six figures d'Harrewyn, in-18.

Ensemble trente-neuf pièces, belles épreuves.

538 — Suite complète de trente et une figures, d'après Moreau, dont un Portrait, publiées par Renouard, in-8.

Très belles épreuves, toutes marges.

539 — Suite complète de vingt et une figures dont un Portrait, d'après Desenne, in-18, publiées dans la Bibliothèque française.

Très belles épreuves avant la lettre, sur chine, toutes marges.

540 — *Moore* (Thomas). Illustrations of Moores Poems. in-8.

Suite de treize vignettes, dont un Portrait, avant la lettre, sur chine, marges in-fol.

541 — *Nodier* (Ch.). Suite de huit vignettes de Tony Johannot, in-8.

Très belles épreuves avant la lettre, sur chine, marges in-fol.

542 — *Rabelais*. Suite de cinquante-sept figures de l'édition publiée en l'an VI, in-8.

Belles épreuves, toutes marges.

543 — *Rousseau* (J.-J.). Suite de quatorze figures de Cochin et Mousiau, in-4.

Très belles épreuves ; quatre sont avant la lettre.

VIGNETTES

544 — *Rousseau* (J.-J.). Suite de quinze figures de Devéria et Johannot, publiées par A. Aubrée, in-8, plus deux vues ajoutées.
Dix-sept pièces, belles épreuves sur chine.

545 — *Shakspeare*. Suite complète de quarante-neuf figures de Smirke, in-8.
Très belles épreuves avant la lettre, sur papier de Chine, tirées in-fol ; dans le portefeuille de publication.

546 — *Voltaire*. Suite de cent trente-trois figures d'après Moreau, de l'édition Renouard, dont quarante portraits par Saint-Aubin, in-8.
Très belles épreuves, toutes marges.

547 — Suite de dix-huit figures lithographiées par Horace Vernet, pour la Henriade, in-4.
Très belles épreuves sur chine.

548 — *Walter Scott*. Suite de quatre-vingt-quatre fleurons de titres, gravés par Alfred et Tony Johannot, in-8.
Très belles épreuves d'artiste, sur chine, tirées deux à la feuille.

549 — Trente-six figures d'après Desenne, Johannot et Eug. Lami, in-8.
Très belles épreuves sur chine, dont vingt-neuf avant la lettre, grand papier, plus vingt-neuf cartes. Ensemble soixante-cinq pièces.

550 — Suite de trente-trois figures par Alfred et Tony Johannot, in-8, publiées par Furne.
Très belles épreuves avant la lettre, tirées in-fol., cart.

551 — *Vignettes diverses*, d'après Moreau, Eisen, Choffard et Prudhon.
Dix pièces, dont six avant la lettre et deux à l'eau-forte pure.

552 — D'après Gravelot, Monnet, Girodet, etc.
Dix-sept pièces, dont sept avant la lettre.

VIGNETTES

553 — Suite de trois figures d'après Girodet, gravées
par Henriquel Dupont, Bein et Muller, in-8.
Épreuves d'artiste sur chine, marges in-fol.

554 — Bois sur chine d'après Johannot, pour Balzac,
A. de Vigny, etc.
Dix pièces.

555 — Vignettes d'après Desenne, Devéria, Johannot,
Ary Scheffer, etc.
Cent vingt-quatre pièces, en grande partie avant la lettre, sur
chine.

VORSTERMAN

556 — Le Coup de fléau, d'après Breughel.
Très belle épreuve, collée.

WATELET

557 — Corps de garde tenu par des singes, d'après
Téniers.
Très belle épreuve avant la lettre.

WATTEAU (D'après)

558 — Retour de campagne, par N. Cochin.
Très belle épreuve.

WEBER

559 — Portrait d'homme, d'après André del Sarte.
Très belle épreuve avant toutes lettres.

WEIROTTER

560 — OEuvre de F.-E. Weirotter, contenant 186 paysages gravés à l'eau-forte.
Très bel exemplaire en feuilles, non rogné.

WILKIE (D'après)

501 — The cut finger, par Raimbach.
Très belle épreuve.

GRAVURES DIVERSES

562 — Gravures sur bois, par Lucas Cranack, Alb. Durer et autres.
Six pièces.

563 — Par Béham, Georges Penez, Aldegraver, Lucas de Leyde, etc.
Quatorze pièces.

564 — Par et d'après Goltzius, Sadeler, C. Cort, Bloemart, Wisscher, etc.
Quarante-quatre pièces.

565 — D'après Breughel, Diétrich, Van Dyck, Ridinger, Van Thulden, Ostade, Van der Neer, etc.
Quarante-huit pièces.

566 — D'après Breughel, Van Dyck, Rubens et autres. — Vues de Suisse en couleur, etc.
Vingt pièces.

567 — Eaux-fortes, par Van Aken, Karel du Jardin, Louterbourg, Romain de Hooghe, Gessner, etc.
Trente pièces, très belles épreuves.

568 — Par Berghem, J. Both, Swanevelt, Waterloo, etc.
Quatre-vingt-trois pièces.

569 — Gravures par Aug. Vénitien, Lucas de Leyde, L. Gaultier, etc.
Sept pièces.

GRAVURES DIVERSES

570 — D'après Le Titien, Raphaël, Paul Véronèse, etc.
Treize pièces, belles épreuves.

571 — D'après Carrache, le Guerchin, Paul Véronèse, Raphaël, l'Albane, etc.
Trente-deux pièces.

572 — Eaux-fortes de Carrache, Sébastien Bourdon, Cantarini, Lafage, Guido Reni, etc.
Trente-huit pièces.

573 — Gravures, d'après le Dominiquin, André del Sarte, Le Brun, Vanderwerf, etc.
Dix-sept pièces.

574 — D'après Ph. de Champagne, Le Brun, N. Poussin, Natoire, Wouvermans, etc.
Dix-huit pièces.

575 — D'après Lemoine, Boulogne, Le Brun, Claude Lorrain, Simon Vouet, etc.
Cinquante-deux pièces.

576 — Sujets de la Vie de Jésus-Christ, gravés par Claudia Stella, d'après Poussin, in-fol.
Quatorze pièces.

577 — Sujets d'après Salvator Rosa, Figures antiques dessinées à Rome par François Perier, Têtes de différents caractères, d'après Léonard de Vinci.
Soixante-sept pièces.

578 — Gravures diverses, Statues anciennes, Médailles.
Quatre-vingts pièces.

579 — D'après Bartolozzi, Le Prince, Moreau le jeune, Louterbourg, Watteau, etc.
Trente pièces.

GRAVURES DIVERSES

580 — D'après Fragonard et Hubert Robert, pour le Voyage de Saint-Non.

Dix-sept pièces.

581 — Eaux-fortes et Gravures diverses par Cl. Gillot, Boucher, Audran, E.-H. Langlois, Tiépolo, etc.

Quatre-vingts pièces.

582 — Gravures anciennes et modernes à l'eau-forte pure.

Dix-neuf pièces.

583 — Gravures tirées du Cabinet Le Brun.

Treize pièces avant la lettre.

584 — Du Cabinet Le Brun.

Vingt-sept pièces, très belles épreuves, toutes marges.

585 — Du Cabinet Choiseul, du Cabinet Poullain, de la Galerie du duc d'Orléans, etc.

Quarante-quatre pièces, plusieurs avant la lettre.

586 — D'après les tableaux de la National Gallery, in-4.

Soixante-sept pièces.

587 — Tirées de la Galerie du duc d'Orléans, du Cabinet Le Brun, etc.

Cent soixante-deux pièces.

588 — Gravures et Lithographies du journal l'Artiste

Cent quatre-vingts pièces.

589 — Portraits anciens.

Trente pièces.

590 — Portraits modernes.

Vingt pièces, plusieurs avant la lettre.

GRAVURES DIVERSES

591 — Portraits modernes gravés et lithographiés.
Soixante-quatorze pièces.

592 — Paysages gravés en Angleterre, d'après les tableaux de Claude Lorrain, Rembrandt et Guaspre Poussin.
Quarante-trois pièces, belles épreuves.

593 — Paysages et Animaux par Berghem, Paul Potter, Karel du Jardin, etc.
Trente-cinq pièces.

594 — Paysages et Vues d'Italie, par Piranési, Pérelle, Sarazin, etc.
Soixante-dix pièces.

595 — Paysages, Vues et Sujets divers par Pérelle, Séb. Leclerc, Pinelli, etc,
Cent soixante-dix pièces.

596 — Vues de France et d'Italie, par Silvestre et Pérelle.
Trente pièces.

597 — Vues de France, gravées et lithographiées,
Quarante-trois pièces.

598 — Vues et Sujets divers, modernes.
Cinquante-six pièces, plusieurs avant la lettre.

599 — Vues d'Italie, Sujets divers et Vignettes.
Environ cent pièces.

600 — Recueil de Décorations intérieures de Percie·Fontaine.
Trente et une pièces.

601 — Fleurs par Redouté et autres.
Trente-quatre pièces coloriées et en noir.

GRAVURES DIVERSES

602 — Figures de Géométrie, pour la charpente, la
coupe des pierres, etc.
Cent quatre pièces.

603 — Lithographies de Boilly, coloriées, Caricatures
par Grandville, Sujets de chasse, d'après Carle
Vernet, fac-simile d'anciennes reliures, etc.
Trente-trois pièces.

604 — Lithographies de Gavarni.
Vingt-cinq pièces.

605 — D'après Meissonnier, Diaz, Decamps, etc.
Douze pièces avant la lettre.

606 — Eaux-fortes modernes par et d'après Eug. Dela-
croix, Decamps, Jacquemart, etc.
Huit pièces.

607 — Gravures modernes françaises et anglaises.
Vingt-deux pièces, plusieurs avant la lettre.

608 — Lithographies diverses.
Trente pièces.

609 — Gravures et Lithographies diverses.
Environ cent cinquante pièces.

LIVRES A FIGURES

610 — Les Amours de Psyché et de Cupidon, par
Apulée, traduction nouvelle ornée des figures de
Raphaël. Paris, 1809 ; 1 vol. in-fol., cart., fig.

611 — Les Amours pastorales de Daphnis et Chloé, texte
grec. Paris, P. Didot, 1802; 1 vol. in-4, demi-rel., fig.
de Prudhon et Gérard, avant la lettre.

612 — Les anciennes Tapisseries historiées ou Collection des Monuments les plus remarquables de ce
genre, texte par Achille Jubinal, gravures par les
meilleurs artistes, d'après les dessins de Victor
Sansonetti, ancien élève de M. Ingres. A Paris, chez
l'éditeur de la Galerie d'Armes de Madrid, 1838 ;
1 vol. gr. in-fol., maroq. plein, rouge, tête dorée non
rogné, pl. coloriées (Niédrée).

613 — Album de Sujets et Paysages, par Séb. Leclerc,
F. Silvestre et Pérelle. 1 vol. in-4 obl., rel. v.,
54 planches.

614 — Deux Albums contenant 39 lithographies de Carle
et Horace Vernet, Géricault, Delorme, Villeneuve,
Vauzelle, Mlle Lescot, Gros, etc.

615 — Album des Bords de la Loire, composé de
cinquante magnifiques gravures sur acier, par
MM. Rouargue frères. Tours, chez Lecesne ; 1 vol.
in-4 obl., rel. toile, fig. sur acier.

616 — The Caricaturists Scrap Book, published by
Charles Tilt. 1 vol. in-4 obl., demi-rel., tr. dor.

617 — A Select collection of Views and Ruins in Rome and its vicinity, London, Robinsons. 1 vol. in-4., demi-rel. v., fig.

618 — Concours décennal ou Collection gravée des ouvrages de peinture, sculpture, architecture et médailles, mentionnés dans le rapport de l'Institut. Paris, Filhol et Bourdon, 1812 ; 1 vol. in-fol., demi-rel., v., dos et c., fig.

619 — Raccolta di cinquanta Costume pittoreschi incisi all'acqua forte da Bartolomeo Pinelli. In Roma, 1809 ; 1 vol. in-4 obl., br.

620 — The Costume of China, illustrated in forty eight coloured engravings, by William Alexander. London W. Miller, 1805 ; 1 vol. in-fol., rel. v. tr. dor., fig.

621 — David Virtutis exercitatissimæ probatum Deo spectaculum ; novo editioni a Conrado Rittershusio, ex officina Zachariae Palthenii, 1597 ; 1 vol. gr. in-8, rel. v., fig.

622 — Description des médailles chinoises du Cabinet impérial de France, par J. Hager. A Paris, de l'Imprimerie impériale, 1805 ; 1 vol. in-4, demi-rel. maroq., dos et c., non rog., fig.

623 — Descrizione delle feste celebrate in Venezia per la Venuta di S. M. I. R. Napoleone il Massimo, dal Cavaliere Abate Morelli. In Venezia, 1808 ; 1 vol. in-4, cart., fig.

624 — L'Espagne artistique et monumentale, vues et description des sites et des monuments artistiques les plus célèbres de l'Espagne, par Don Genaro-Perez, de Villa-Amil et Don Patricio de la Escosura 36 livraisons gr. in-fol., fig. lithogr.

625 — Funerali antichi di diversi populi et nationi, des-
critti in dialogo da Thomaso Porcacchi, figure di
Girolamo Porro. In Venetia, 1574 ; 1 vol. in-4,
rel. v., fig.

626 — Galerie Aguado, choix des principaux Tableaux
de la galerie de M. le Marquis de Las Marismas de
Guadalquivir. Paris, Gavard, 1839 ; 46 pl. in-fol.

627 — Galerie Britannique de gravures, faites d'après
les peintures actuellement dans la possession de Sa
Majesté le Roi d'Angleterre, par Edouard Forster.
Londres, chez Guillaume Miller, 1814 ; 1 vol. in-fol.
en feuilles, 50 pl.

628 — Galerie du Palais-Royal, gravée d'après les tableaux des différentes Écoles qui la composent.
dédié à S. A. S. Monseigneur le duc d'Orléans, à
Paris, chez Couché et Bouilliard, 1786 ; 1 vol. in-fol.
en livraisons.

629 — Du Génie de l'Architecture, par J.-A. Coussin,
architecte, Paris Firmin-Didot, 1822 ; 1 vol. in-4,
cart., non rog., fig.

630 — Histoire de Joseph, accompagnée de dix figures,
gravées sur les modèles du fameux Rembrandt, par
M. le comte de Caylus. Amsterdam, chez Jean
Neaulme, 1757 ; 1 vol. in-fol., rel. v., fig.

631 — Histoire naturelle des Oiseaux de l'Amérique
septentrionale, par L.-P. Vieillot. Paris, Desray,
1807 ; 2 vol. gr. in-fol. en livraisons, fig. color.

632 — Libri quatuor de Imitatione Christi, praecipuo
regni administro. Parisiis e typographia fratris re-
gis, 1788 ; 1 vol. in-4, demi-rel. maroq., tr. jasp.

633 — Illustrations of the Anglo-French coinage, London, Hearne, 1830 ; 1 vol. in-4, cart., fig.

634 — The Italian School of Design, being a series of fac
similes of original Drawings, by the most éminent
painters and sculptors of Italy; by William Young
Ottley. London, Taylor and Hessey, 1823; 1 vol.
in-fol. cart., non rog., fig.

635 — Lays and Legends, illustrative of English Life by
Camilla Toulmin. London, Jeremiah How, 1845;
1 vol. in-4, rel. toile, tr. dor.

636 — Labyrinthe de Versailles. A Paris, Imprimerie
royale, 1679; 1 vol. in-8, rel. v., fig.

637 — Le Lundi de la Pentecôte, tableau des mœurs
strasbourgeoises avant 1789, dessins de Théophile
Schuler. Paris, Morizot, 1857. — Les Bûcherons et
les Schlitteurs des Vosges. — Bilder Zue Arhnold's
Pfingst-Monda, 1849. 3 albums gr. in-4, cart. et
br., fig.

638 — The National Gallery à series of twenty-nine pla-
tes from the best pictures in that celebrated collection. London, M. A. Nattali, 1846; 1 vol. demi-rel.
mar. r., tr. dor., fig.

639 — Natural history of the insects of China, contai-
ning upwards of two hundred and twenty figures
and descriptions by E. Donavan. London, Henry G.
Bohn, 1842; 1 vol. in-4, cart. toile, non rogn.,
50 fig. color.

640 — OEuvres de Ennius Quirinus Visconti, Musée
Pie-Clementin. Milan, J.-P. Giegler, 1818; 7 vol.
in-4, rel. v. plein. non rog., fig. (Muller).

641 — Monuments du Musée Chiaramonti. Milan, J.-P.
Giegler, 1822; 1 vol. in-4, rel. v. plein. non rog., fig.
(Muller).

642 — OEuvre de Nicolas Loir, Ornements et Sujets. —
OEuvre de Salvator Rosa ; 1 vol. in-8, relié parchem.

643 — Oratio dominica in CLV linguas. Parmae, Typis
Bodonianis, 1806 ; 1 vol. in-fol., rel. v. plein, tr.-
peig. (avec envoi autogr. du Prince Eugène de Beau-
harnais à M. de Sacy).

644 — La Passion de Notre-Seigneur, gravée par Chr.
de Mechel, d'après les dessins originaux d'Holbein.
Basle, 1784 ; 1 vol. in-4, rel. maroq. br., tr. dor.

645 — Portraits de peintres, gravés à l'eau-forte, par
Denon ; 1 vol. in-4, cart.

646 — Nuova Raccolta de 25 vedute antiche et moderne
di Roma. — Raccolta de 10 vedute rappresentati la
villa d'Orazio, di Pittore Filippo Hackert. 2 vol.
in-4 obl., br.

647 — Vie et œuvre du Corrège, réduit et gravé au
trait. A Paris, chez Landon, 1817 ; 1 vol. in-4, cart.,
non rog., fig.

648 — Vita di Anton Domenico Gabbiani, pittor Fioren-
tino, descritta da Ignazio Enrico Hugford. In Fi-
renze, 1762 ; 1 vol. in-fol. rel., parch., 100 pl.

649 — Album typographique publié à l'occasion de la
quatrième fête séculaire de l'invention de l'imprimerie, par G. Silbermann, Strasbourg, 1840. 1 vol.
in-4, br.

Vᵉ Renou, Maulde et Cock, imprᵉ de la Compagnie des Commissaires-Priseurs,
rue de Rivoli, 144. 36891